Make Your Dream Happen

This journal belongs to:

_____

hope

believe

hope

believe

hope

believe

hope

believe

hope

believe

hope

believe

hope

believe

hope

believe

hope

believe

hope

believe

hope

believe

hope

believe

hope

believe

hope

believe

hope

believe

hope

believe

hope

believe

hope

believe →

hope

believe

hope

believe

hope

believe

hope

believe

hope

believe

hope

believe

hope

believe

hope

believe

hope

believe

hope

believe

hope

believe

hope

believe

hope

believe

hope

believe

hope

believe

hope

believe

hope

believe

hope

believe

hope

believe

hope

believe

hope

believe

hope
believe

hope

believe

hope

believe

hope

believe

hope

believe

hope

believe

hope

believe

hope

hope

believe

hope

believe

hope

believe

hope

believe

hope

believe

hope

believe

hope

believe

hope

believe

hope

believe

hope

believe

hope

believe

hope

believe

hope

believe

hope

believe

hope

believe

hope

believe

hope

believe

hope

believe

hope

believe

hope

believe

hope

believe

hope

believe

Thank you.

We hope you enjoyed our book.

As a small family company, your feedback is very important to us

Please let us know how you like our book at:

 oclaudeauthor@gmail.com

 oclaudeuauthor

Made in the USA
Middletown, DE
27 February 2022